AF335920

Publications de la Société Maritime de Paris.

DE LA LÉGISLATION ÉCONOMIQUE

DES

ANTILLES FRANÇAISES

AU POINT DE VUE

DE L'EXPORTATION MÉTROPOLITAINE.

LETTRE

A M. GAULTHIER DE RUMILLY, MEMBRE DE LA SOCIÉTÉ MARITIME, DÉPUTÉ DE LA
SOMME, RAPPORTEUR DE LA COMMISSION CHARGÉE D'EXAMINER LE PROJET
DE LOI SUR LE RÉGIME DES DOUANES DES ANTILLES FRANÇAISES.

PAR M. LEPELLETIER DE SAINT-RÉMY,

Auditeur au Conseil d'État,
Secrétaire de la Société Maritime de Paris.

PARIS,
CHEZ AMYOT, LIBRAIRE DE LA SOCIÉTÉ MARITIME,
6, RUE DE LA PAIX.
1844

DE LA LÉGISLATION ÉCONOMIQUE

DES

ANTILLES FRANÇAISES

AU POINT DE VUE

DE L'EXPORTATION MÉTROPOLITAINE.

—

LETTRE

A M. GAULTHIER DE RUMILLY, MEMBRE DE LA SOCIÉTÉ MARITIME, DÉPUTÉ DE LA SOMME, RAPPORTEUR DE LA COMMISSION CHARGÉE D'EXAMINER LE PROJET DE LOI SUR LE RÉGIME DES DOUANES DES ANTILLES FRANÇAISES.

PAR M. LEPELLETIER DE SAINT-RÉMY,

Auditeur au Conseil d'Etat,
Secrétaire de la Société Maritime de Paris.

PARIS,

CHEZ AMYOT, LIBRAIRE DE LA SOCIÉTÉ MARITIME,

6, RUE DE LA PAIX.

—

1844

DE LA LÉGISLATION ÉCONOMIQUE

DES

ANTILLES FRANÇAISES.

(Lettre à M. G. de Rumilly.)

MONSIEUR,

Deux fois rapporteur d'un projet de loi qui a au moins le mérite de la persévérance, si l'on en juge par son obstination à frapper depuis long-temps aux portes toujours closes du sanctuaire législatif, vous avez deux fois abordé avec autant de courage que de sollicitude un sujet dont l'importance atténue seule l'aridité. La *conversion en loi des ordonnances rendues sur la législation des douanes dans nos Antilles* ne vous a point paru devoir être un acte de pure forme, une sorte de codification en raccourci de cette longue série d'ordonnances, de lois et de règlements, qui commencent, non pas en 1763, ainsi que le dit M. le ministre du commerce dans son exposé des motifs, mais bien en 1698, ainsi que nous le verrons tout à l'heure, pour ne s'arrêter qu'en 1839. Il vous a semblé que le temps n'était plus où l'on *priait messieurs du parlement d'enregistrer*, et que soumettre à la sanction législative les règlements en vigueur sur le régime de douane de nos Antilles, c'était les soumettre à la discussion parlementaire. Vous avez donc appelé sur le projet ministériel la sérieuse attention des deux commissions de 1841 et 1843, dont vous faisiez partie, et, en devenant successivement leur organe, vous avez imprimé à leur pensée des tendances d'un libéralisme économique assez rare de nos jours en matière de tarifs, et surtout en matière de tarifs coloniaux.

Cet heureux précédent qui vous lie m'encourage, Monsieur, à vous prendre personnellement à partie et à vous adresser directement quelques observations sur cet éternel *projet* que la session de 1844 voudra peut-être faire entrer dans le domaine des réalisations.

Tout en gourmandant le gouvernement de ses lentes allures dans la présentation toujours tardive de ce projet de loi, et la Chambre de sa tiédeur à l'accueillir, ne vous êtes-vous jamais dit, Monsieur, qu'ils obéissaient peut-être l'un et l'autre, à leur insu, à une sorte d'instinct de bonne administration? La loi, — je prends ici ce mot dans son acception constitutionnelle, — la loi est sans doute aux yeux de tous, et surtout aux yeux de ceux qui la font, une fort estimable chose ; mais ne trouvez-vous pas qu'il y a dans cette fixité et dans cette inflexibilité, qui sont ses principaux caractères, quelque chose où se heurtent l'inconstance et la mobilité, qui sont l'essence du commerce? Vous-même, Monsieur, n'avez-vous pas cédé à cet instinct dont je parle lorsque dans votre rapport de 1841 vous avez écrit ceci : «La loi du 24 avril 1833 a conféré au pouvoir législatif le soin de régler les relations commerciales de nos colonies; il a paru au gouvernement que le législateur avait entendu lui conserver la faculté de modifier provisoirement les tarifs coloniaux par *voie d'ordonnance*, sauf à déférer au contrôle des Chambres l'usage qu'il en avait pu faire. Cette faculté, qui lui est attribuée pour la métropole, en certains cas, par la loi du 17 décembre 1814, et dont il jouit pour les colonies, en vertu des anciens règlements, est, à la vérité, *le seul moyen* de concilier le vœu de la loi d'avril 1833 avec les besoins variables et souvent instantanés de ces possessions lointaines..... » Faut-il en conclure que je viens ici attaquer dans son principe le projet de loi que vous avez si bien élaboré? Nullement. Je ne perds pas de vue l'obligation constitutionnelle où se trouve placé le gouvernement, et ma conclusion est simplement celle-ci : puisque la loi, par son caractère de stabilité, semble être en désharmonie avec la variabilité du commerce, la tâche du législateur, dans le cas qui nous occupe, est de chercher à corriger ce vice de nature en élargissant les bases de la loi, en étendant ses prévisions, en faisant parcourir à ses prescriptions une échelle plus étendue, en un mot en la rendant plus libérale et plus *concessionnaire*. Permis à l'ordonnance, qui peut à volonté revenir sur elle-même et réparer ses omissions, de se montrer parcimonieuse et réservée ; mais la loi, qui ne s'appartient plus une fois faite, qui donne pour longtemps, et, pour tout dire, en un mot qui est l'œuvre d'un pouvoir irresponsable, la loi doit voir de plus haut et prévoir de plus loin.

Voilà, Monsieur, le terrain sur lequel je voudrais entraîner l'intelligent rapporteur dont j'ai mûrement étudié le double travail, terrain qui n'est pas tout à fait nouveau pour lui, ainsi que j'ai pu le constater.

N'imitons pas l'exposé ministériel, qui, après avoir rappelé, par acquit de conscience, quelques dates du passé, prend son point de départ de l'ordonnance du 5 février 1826, comme si cette époque avait commencé une nouvelle ère économique dans les relations de la France avec ses colonies ! L'ordonnance de 1826 n'est, vous le savez, Monsieur, que la codification plus ou moins complète des anciens règlements sur la matière, de même que celle de 1839, dont on demande la conversion en loi, n'est que la reproduction de celle de 1826, et des nombreux appendices qu'elle a reçus en 1832, 1835, 1836, 1837 et 1838. En partant de 1826 l'exposé des motifs a donc pris sa tâ-

che par le milieu, ou, pour mieux dire, il s'est bravement
allégé d'une partie de sa tâche. On n'aurait pas dû oublier
cependant que la Chambre était appelée à se prononcer sur
l'ensemble d'un système économique, et que négliger le
passé c'était rendre forcément incomplète l'appréciation
du présent. Reprenons ensemble, Monsieur, ce fil brusque-
ment interrompu. Recherchons dans les actes originaires
la pensée originaire du système, et voyons si cette pensée
du XVIIe siècle, si grande et si féconde qu'elle fût pour son
temps, peut être encore la pierre angulaire des combinai-
sons économiques du XIXe siècle. Cette étude rétrospective
nous conduira, par une rare logique, au cœur de la question.

Je dis, Monsieur, qu'il faut remonter à la pensée primi-
tive pour en apprécier l'applicabilité à notre époque.

Sans doute je n'apprendrai à personne quelle fut la portée
économique du mouvement qui suivit, il y a quatre siècles,
ces deux grands faits : l'Amérique découverte, le cap de
Bonne-Espérance franchi. — L'ancien courant commercial
du monde se déplaçant, les petites républiques marchandes
de l'Italie et la confédération anséatique perdant le monopole
de l'approvisionnement de l'Europe, dont elles s'étaient ha-
bilement emparées pendant les guerres incessantes que se
livraient les grands états ; enfin ces grands états, rappelés
en quelque sorte à eux-mêmes par l'énergique enseignement
du plus merveilleux événement de l'histoire, et finissant
par comprendre que leur génie et leur vitalité pouvaient se
dépenser ailleurs que sur un étroit champ de bataille : c'est
là ce que nous savons tous. Mais ce qui n'a pas été suffisamment mis en relief, c'est précisément le côté le plus caracté-
ristique de cette heureuse perturbation de la vieille Europe ;
c'est sa physionomie politique, si je puis dire. Les lois sont
les faits raisonnés de l'histoire : interrogeons sur ce point
cette partie de la législation commerciale du XVIIe siècle

que firent naître les relations de plus en plus suivies qui s'ouvrirent avec le Nouveau-Monde.

Le plus ancien document où commence à se faire jour la pensée politique du temps est l'arrêt du conseil d'état du 10 septembre 1668, qui commence ainsi : « Le roi étant informé qu'au préjudice des intentions de S. M., lorsqu'on a formé et établi la compagnie des Indesoccidentales, dont la principale vue a été d'attirer dans le royaume tout le commerce des îles, duquel les étrangers s'étaient emparé, ladite compagnie aurait, pendant la dernière guerre avec l'Angleterre, accordé diverses permissions auxdits étrangers... » Suivent des prescriptions et des mesures sévères pour faire cesser cet abus. Viennent ensuite les arrêts du 12 juin 1669 et du 1er juillet 1670, qui rappellent le précédent ; puis les ordonnances plus précises des 18 juillet et 4 novembre 1671. Plus on avance dans l'étude de ces actes, plus on voit mûrir et se dessiner en système l'idée de la prohibition.

Cependant elle trouvait comme une gêne à son développement dans l'existence de la compagnie des Indes orientales. Quoi qu'en dise le préambule que je viens de citer, aucune mention prohibitive du commerce étranger ne se trouve dans l'édit constitutif de la compagnie (mai 1664). Soit que les administrateurs trouvassent un droit dans ce silence, soit qu'avec le plus réel désir de se soumettre à la volonté toute-puissante du maître, ils fussent placés dans l'impossibilité d'exercer une surveillance efficace sur une des plus vastes étendues de pays que l'esprit puisse embrasser (1), il est certain que, malgré le contrôle de l'autorité

(1) « Les pays de la terre ferme d'Amérique, depuis la rivière des Amazones jusqu'à celle de l'Orénoque, ainsi que les îles appelées Antilles possédées par les Français, le Canada, l'Acadie, l'île de Terre-Neuve, et autres îles et terre ferme, depuis le nord dudit pays de Canada jusqu'à la Virginie et

royale qui s'exerçait concurremment avec celle de la compagnie, le commerce étranger se fit continuellement jour dans
nos colonies de 1664 à 1674. On en trouve la preuve dans
cette série d'arrêts et d'ordonnances qui se suivent et se
pressent durant cette période. Peut-être faut-il chercher
dans cette difficulté d'exécution une des causes de la brus-
que dissolution, après une existence de dix ans, de cette
vaste association, à laquelle sa charte garantissait un privi-
lége de quarante années (1). La compagnie dissoute, et son
immense territoire faisant retour à la couronne sous le nom
de *Domaine d'Occident*, la royauté rentra dans son double
pouvoir législateur et exécutif; elle put imprimer une action
nouvelle et complète aux textes nombreux que nous avons
énumérés. Ils furent d'ailleurs résumés avec de nouvelles
sanctions pénales dans une ordonnance du 11 septembre 1677.

Floride, ensemble la côte de l'Afrique depuis le cap Vert jusqu'au cap de
Bonne-Espérance, tant et si avant qu'elle pourra s'étendre dans les terres. »
Édit portant établissement d'une compagnie des Indes occidentales. Mor.
de Saint-Méry, *Lois et constitutions.*

(1) On a trop souvent confondu cette compagnie avec les nombreuses as-
sociations du même genre, dont les désastres ont entraîné la rapide dissolution. Il est reconnu dans l'*édit de révocation* que, malgré les dépenses de la
guerre que la compagnie fut obligée de soutenir contre les Anglais, « elle
pouvait se dédommager de cette avance par son commerce, par la possession de tant de pays, où elle jouissait de plusieurs revenus, » L'édit recon-
naît encore que le « dessein, également utile et glorieux, que le roi s'était
proposé en créant la compagnie, avait eu le succès qu'on pouvait espérer. »
Enfin l'illustre commentateur de l'ordonnance de 1681, Valin, si judicieux
appréciateur des œuvres du grand roi, dit, en parlant de la compagnie des
Indes orientales et de celle des Indes occidentales : « La première subsiste
encore aujourd'hui (1755) sous le titre de *Compagnie des Indes* simplement, parce que le commerce, qui en fait le principal objet, n'est pas de
nature à être embrassé par des particuliers isolés et sans association. L'autre ne fit que se montrer pour ainsi dire, ayant été supprimée dix ans après,
l'objet que Louis XIV s'était proposé en l'établissant s'étant trouvé rempli
dans ce court intervalle. » Valin, *nouveau Commentaire*, t. 1, p. 12.

Plus nous avançons, plus nous voyons cette tendance s'exagérer. En 1680 le roi écrit au gouverneur général des îles : « L'ordre que vous devez tenir à l'égard du commerce » étranger consiste à ce que vous empêchiez qu'aucun vais- » seau étranger n'aborde aux rades de nos îles ; et, en cas » que, contre les défenses qui ont été faites, et qui sont pu- » bliques, aucuns vaisseaux étrangers y abordent, vous de- » vez leur envoyer ordre de partir sur-le-champ, et, s'ils » demeurent, vous devez les faire arrêter, et laisser ensuite » faire les procédures et prononcer la confiscation par le » conseil souverain, dans les formes ordinaires. » Durant le grand conflit entre la France, l'Angleterre, les Provinces-Unies et l'Espagne, qui suivit l'expulsion de Jacques II, et auquel mit fin la paix de Ryswick (1697), l'hostilité écono-mique dut nécessairement s'effacer un peu dans celle plus réelle qui se traduisait en combats navals et en batailles rangées. Les liens de la prohibition se relâchèrent, et le commerce étranger fit irruption dans nos possessions. Aussi le roi ne fut pas plus tôt délivré des soucis de la guerre, qu'un nouvel édit (20 août 1698), plus complet que tous les pré-cédents, vint leur imprimer une nouvelle vigueur, et sur-tout une nouvelle sanction : la confiscation des bâtiments et des marchandises, l'amende, et les galères en cas de réci-dive, tant contre les capitaines que contre ceux qui au-raient facilité la consommation du délit : telle fut l'échelle de la pénalité qui constitue un véritable progrès dans le genre.

De 1698 à 1727 nous trouvons le règlement du 12 jan-vier 1717, qui rend applicable aux colonies le titre 2 de la belle ordonnance de 1681, relatif à la juridiction de l'ami-rauté, et qui révèle son but par son article 16 ; puis les lettres patentes de la même année, les fameuses lettres-patentes, comme les appelle Valin, qui règlent l'ensemble du commerce de la France avec ses colonies, et dont plusieurs dispositions sont encore en vigueur.

J'omets des actes secondaires qui ne font pas *corps de droit*, mais qui n'en peignent pas moins les tendances économiques de l'époque : tels sont l'ordonnance du 26 novembre 1719, qui permet d'appliquer les galères *perpétuelles* aux nationaux coupables de fait de commerce étranger, et le règlement du 23 juillet 1720, qui « permet aux sujets de S. M. de faire la course sur les vaisseaux et bâtiments de mer faisant le commerce étranger », et veut que ce pouvoir soit à l'avenir inséré dans les commissions de lettres de marque que délivrera l'amiral. Déjà une précédente ordonnance avait permis de faire servir, pendant un certain temps, sur les navires français, les équipages étrangers pris en flagrant délit de contrebande. De ce *droit de capture* aux justes susceptibilités éveillées par le *droit de visite* on voit que la distance est grande.

Viennent enfin les *lettres patentes en forme d'édit* du mois d'octobre 1727, qui furent comme le dernier effort de la prohibition absolue, et qui peuvent être considérées comme loi encore vivante, quoiqu'il n'en soit fait aucune mention dans l'exposé ministériel.

Ce document, qui est peut-être le plus important de ceux que j'ai cités, en ce qu'aucun ne résume et ne pose plus carrément le double monopole qui constitue le système colonial — il frappe des mêmes peines, confiscation et galère, l'importation des marchandises étrangères aux colonies, ou l'exportation des produits coloniaux à l'étranger — ce document clot une première période économique, sur laquelle il importe de s'arrêter.

Dans les importantes études qu'il a publiées sur le dernier tableau de notre commerce général (1), notre collègue

(1) V. *la Presse* de novembre 1845.

à la Société maritime, M. Pérodeaud, comparant le mouvement maritime de la France et de l'Angleterre, remonte au fameux acte de navigation de Cromwell, et trouve dans ses rigueurs l'origine d'une prospérité dont notre libéralisme débonnaire n'aurait pas su, à son avis, surprendre le secret. Or, je crois, Monsieur, qu'en méditant un peu sur l'ensemble des différents actes que je viens d'énumérer, on arrive à reconnaître que, s'il suffisait des rigueurs d'un système économique pour jeter les bases solides d'une grande puissance commerciale, aucune puissance commerciale ne serait mieux assise que la nôtre. Non, la *négation* ne constitua jamais à elle seule un système. Je me trompe : elle en constitue un ; et le plus grand reproche que l'on puisse adresser aux législateurs de tous les régimes qui ont si souvent remanié cette partie de notre législation, c'est de n'avoir pas suffisamment compris la pensée de ce système. Dans la première période que nous venons d'analyser, Monsieur, la prohibition n'est pas *défensive*, elle est *agressive*. Alors que l'humeur belliqueuse de Louis XIV avait posé la France en hostilité perpétuelle avec l'Europe, que les paix n'étaient que des trêves qui avaient à peine le temps de s'étendre sur l'Océan, à une époque où les nations de l'ancien monde se coudoyaient, si je puis dire, pour prendre possession du nouveau, non plus cette possession de comédie qu'avait inventée l'Espagne, mais la possession que donnent le commerce et ses relations suivies, on comprend que les lois économiques ne furent pas seulement destinées à protéger, mais qu'elles devinrent une arme de lutte et de guerre. De là ce caractère étrange que n'expliquerait pas suffisamment l'époque ; ces pénalités monstrueuses, eu égard au délit ; ces dérogations brutales aux principes les plus élémentaires du droit des gens. Oui, l'hostilité, la destruction, tels furent le caractère et le but de notre législation économique durant cette première période.

Je dis qu'on n'en a pas suffisamment compris la pensée, et je crois être autorisé à le dire lorsque je vois ce même système, remanié, replâtré plus ou moins souvent, se perpétuer jusqu'à nos jours, comme à l'insu du gouvernement (1), et, sans doute encore à son insu, former, en l'an constitutionnel 1844, la base du régime économique que la France a imposé à ses colonies ; c'est là ce qui me reste à démontrer.

Telle est donc cette première période : c'est le règne de la prohibition pure. Continuons l'étude des actes, et nous allons voir, sinon se réaliser, du moins poindre une ère nouvelle.

Je ne parlerai pas des édits de 1763 et 1769, qui n'ont jamais existé que dans l'exposé de M. le ministre du commerce. En 1769 il n'a été, en effet, rendu en cette matière qu'un ordre du roi (30 juin) tout à fait local et insignifiant. Le mémoire du roi du 18 avril 1763, document que l'on a, sans doute, voulu désigner, est la première dérogation au passé ; c'est la première pierre arrachée à cet édifice, au dur ciment auquel il eût fallu bien des atteintes semblables pour faiblir dans son inflexible solidité. Ce mémoire de 1763 inaugure, Monsieur, ce que l'on appelle dans l'administration le système *mixte* : certaines marchandises étrangères purent être introduites dans quelques ports spéciaux de nos colonies, et certains produits coloniaux purent être exportés à l'étranger. Le système mixte

(1) En 1824, la douane de l'une de nos colonies se saisit, et fit prononcer la confiscation, aux termes de l'édit de 1727, de quatre bâtiments anglais naviguant à *une lieue de la côte*. Qui fut stupéfait ?.... Heureusement qu'à l'aide de je ne sais quelle interprétation d'une lettre du roi de 1765, la Cour de cassation parvint à tirer le gouvernement d'embarras en mettant à néant cette affaire.

est celui en vigueur aujourd'hui, celui qu'il s'agit de consacrer par la loi dont vous êtes rapporteur.

De tous les documents qui composent cette seconde période que je viens d'indiquer le mémoire d'avril 1763 est donc celui qui, par lui-même, mérite plus particulièrement de nous arrêter ; mais il est de plus une raison qui doit nous porter à négliger les autres. Comme s'ils n'eussent pas compris la pensée nouvelle qui se faisait jour dans cet acte important, les administrateurs qui se succédèrent depuis 1763 affectèrent souvent de le méconnaître, et en pleine voie d'exécution du système mixte intervinrent des édits et des déclarations qui proclamèrent de noüveau la prohibition absolue. Tels sont la lettre du roi du 16 décembre 1765, l'arrêt du conseil du 28 juin 1783, et plusieurs autres. Mais il est de ces tendances qu'il n'est pas heureusement toujours donné aux lois d'arrêter. Les gouverneurs de nos îles ne tinrent pas compte de ces ordres contradictoires, et maintinrent dans sa force le mémoire de 1763. Faisons comme eux, Monsieur, et revenons à cette première charte économique, puisque le système qu'elle a créé est toujours en vigueur ; voyons si ce système a marché depuis 1763, s'il a payé au temps le tribut de progrès que lui doit toute chose.

Un mot d'abord sur la nomenclature des produits étrangers, dont l'article 1er du projet de loi admet l'introduction aux colonies.

Voici le tableau des importations permises par le projet de loi. Je vais établir la comparaison sans trop de longueurs, en écrivant en *italiques* les objets dont l'introduction remonte à 1763. Le paragraphe 1er du projet contient la nomenclature suivante : chevaux, mulets, *bœufs*, vaches, taureaux, taurillons, bouvillons, génisses et ânes ; veaux, *porcs*, *moutons* et *chèvres* (animaux vivants) ; *feuillards, mer-*

rains, aissantes, planches et autres (1), goudrons, brais et autres résineux, charbon de terre (2), fourrages verts et secs (3); graines potagères, *fruits de table, bœuf salé* (4), *riz,* farine de froment, morues et autres poissons salés (5), cuirs verts en poils non tannés (6), charrues, chapeaux de paille à tresses engrenées, dite de Panama; *voitures,* moulins à égrener le coton, pompes en bois non garnies, *chaudières en fonte et en potin* (7), houes et pelles, serpes et coutelas, rames et avirons, vins de Madère et de Ténériffe (8).

En résumé, il résulte de cette énumération que, sur les quarante-quatre articles qui forment cette nomenclature, treize figurent déjà dans le mémoire de 1763; tandis que,

(1) Le mémoire de 1763 ne détaille pas comme le projet les merrains et aissantes (et non pas *essences,* comme le portent invariablement les divers projets ministériels); mais il dit : « planches *de toutes sortes.* »

(2) L'introduction en avait été précédemment autorisée par un arrêt du conseil du 30 août 1784. C'est peut-être le premier document économique où se trouve régulièrement classé comme marchandises cet important combustible, auquel est réservé un si grand rôle.

(3) Le mémoire de 1763 ne mentionne pas les fourrages verts et secs ; mais il accordait l'entrée du son et de l'avoine, qui ne figurent pas dans le projet de loi.

(4) Si le mémoire de 1763 ne mentionne pas les chairs salées, c'est que leur introduction dans les colonies est immémoriale. On la trouve déjà régularisée par un arrêt du conseil du 17 août 1671.

(5-6) L'introduction des morues et poissons et celle des cuirs remontent à l'arrêt du conseil du 30 août précédemment cité.

(7) Dès 1671, et par l'arrêt du 17 août précédemment cité, on admit de l'étranger dans les colonies tous les appareils propres à la fabrication du sucre.

(8) Le vin de Madère a de tout temps été considéré comme un élément tellement indispensable à l'hygiène des colonies, qu'il a toujours échappé à la prohibition, même à son époque la plus *agressive.* Protégé par une ordonnance spéciale rendue en sa faveur le 28 novembre 1671, il est de nouveau mentionné dans celle du 3 décembre 1698, et continue à figurer, comme placé sous le bénéfice d'une exception de faveur, dans tous ces actes aux tendances exclusives que j'ai analysés.

d'un autre côté, quinze articles admis en 1763 ne figurent plus dans le projet de 1844. Mais aussi, en manière de
compensation, les produits coloniaux exportables à l'étranger sont, dans le projet ministériel, exactement les mêmes
que dans le mémoire du roi. Ce sont traditionnellement le
résidu de la fabrication du sucre et la liqueur alcoolique
qu'on en tire ; c'est-à-dire une seule et même chose sous
deux espèces.

Peut-être est-il de plus permis de faire remarquer que,
si nos pères pratiquaient la prohibition au point de *faire la
course* sur les navires suspectés de contrebande, ils étaient
peu experts dans l'art de manier les tarifs, ce frère consan-
guin de l'art de grouper les chiffres. Lorsque l'introduction dans nos colonies d'un produit étranger était néces-
saire, elle avait lieu tout simplement, soit en pleine franchise, soit avec un droit modique et uniforme de un pour
cent à la valeur. On n'avait pas encore inventé cette échelle
de droits dits protecteurs que nous trouvons dans la législation moderne et dans le projet de loi (1).

Quoi qu'il en soit, si j'ai cru trouver quelque utilité à met-
tre ainsi sous un point de vue le présent en regard du passé,
ce n'est pas moi qui attacherai à ce rapprochement plus de

(1) Au point de vue de la concurrence économique, il n'y a pas de système mixte : car ou le droit protecteur est suffisamment élevé pour *protéger*
efficacement l'industrie nationale, c'est-à-dire pour empêcher l'entrée des
similaires étrangers, et alors il est en réalité prohibitif ; ou il n'est pas suffisamment élevé pour leur créer une barrière, et alors il est nominal comme
protection, et ne fonctionne plus qu'au point de vue fiscal. Ceci tend à pas-
ser à l'état de vérité mathématique, à mesure que les progrès de l'industrie
et les nécessités de la concurrence forcent le producteur à resserrer l'échelle
de ses bénéfices. Il est tel produit étranger qui n'est maintenu à l'état de
prohibé que par l'imperceptible obstacle de quelques centimes ; qu'un re-
maniment de tarifs les fasse disparaître, et ce produit, tout en continuant
encore à payer un fort droit au fisc, se trouvera placé sur notre marché
dans les mêmes conditions que son similaire français.

valeur qu'il n'en a réellement. Je reconnais que les trente-un articles nouveaux dont l'introduction est accordée par le projet de loi, les réductions que vos amendements proposent d'opérer sur les droits protecteurs qui leur seraient imposés, et enfin les bonnes dispositions manifestées par le gouvernement, aussi bien que les vœux dont la commission vous a fait l'organe, constituent pour le moment une différence assez notable entre l'acte qui inaugure le système mixte, et celui qui le consacre. Les colonies ont été créées dans l'intérêt de la métropole, et l'on comprend que la métropole, se réservant leur marché, n'y laisse pénétrer que ceux des produits étrangers dont elle ne peut leur fournir les similaires. Sous ce premier rapport donc, satisfaction à peu près suffisante serait donnée, quant à présent, à la loi du progrès.

Mais, si cette prohibition mitigée est un peu plus intelligente que la prohibition absolue dont nous venons de retracer l'historique, elle ne constitue pas non plus à elle seule un système économique. « Les colonies ont été créés dans l'intérêt de la métropole », soit ; j'accepte pleinement pour ma part cet axiôme, si fort anathématisé d'un honorable général, quoique dans sa franchise il ressemble volontiers à un coup de sabre appliqué sur la tête d'un Kabyle ; et je déclare que, si j'avais à défendre la cause des colonies, je ne voudrais jamais la placer sur un autre terrain. C'est là le seul *pacte colonial* que j'invoquerais. Ce terrain, Monsieur, est celui de la Société Maritime, à laquelle nous appartenons tous deux. Oui l'intérêt de la métropole, sainement entendu, est celui des colonies, comme l'intérêt des colonies est celui de la métropole. Et c'est parce que l'on a voulu séparer ce qui est solidairement uni, parce que l'on a voulu parfois bercer l'un de ces intérêts de je ne sais quelle individualité qu'il n'a pas et qu'il ne saurait avoir, que l'on a souvent créé un antagonisme dont le plus faible a dû nécessairement pâtir. Je ne parle pas ici en thèse générale et au point de vue purement spéculatif. Ce qui me reste à dire sera une éclatante démonstration de cette vérité.

Dans le mémoire de 1763, il y a autre chose que cette faculté octroyée aux colonies de consommer un nombre déterminé de produits étrangers ; il y a le germe d'une idée véritablement économique, germe que la législation contemporaine a vainement tenté de féconder. Et, chose assez rare, si elle a échoué, c'est que dans sa tentative elle a eu plus particulièrement en vue l'intérêt des colonies. Je veux parler, Monsieur, des entrepôts réels que la loi de juillet 1837 a substitués aux ports d'entrepôt du système mixte. En créant à la Guadeloupe et à la Martinique des entrepôts réels où les produits étrangers de tout le golfe du Mexique viendraient s'échanger entre eux, on présageait pour ces colonies, qui bénéficieraient de ce vaste mouvement d'affaires, tout une nouvelle ère de prospérité. De plus, et accessoirement, on entrevoyait un débouché nouveau pour le commerce de la métropole, le caboteur espagnol, par exemple, qui viendrait échanger, au moyen de l'entrepôt de la Martinique, les produits de Cuba contre les rhums de la Jamaïque, devant nécessairement, en se recomposant ainsi un chargement par échange étranger, ouvrir plus ou moins ses écoutilles aux produits français, et emporter quelques barriques de nos vins ou quelques pièces de nos tissus. Eh bien ! rien de cela ne s'est réalisé. Et il n'y a pas bien long-temps que ces mêmes colonies, pour lesquelles on croyait tant faire en leur donnant des entrepôts véritables, demandaient qu'on les déchargeât de la dépense improductive que leur causent ces établissements. J'ai dit ailleurs les causes de cet insuccès. Dans ma brochure intitulée : *Des lois de douane aux Antilles françaises, et du nouveau bill des droits de l'Union-Américaine*, j'ai démontré qu'en rédigeant la loi de 1837, on n'avait pas assez tenu compte de la position géographique des différents centres entre lesquels on prétendait provoquer une réciprocité d'échanges, dans le but de s'en faire l'intermédiaire. A tous les pays que baigne le golfe du Mexique la nature a accordé des produits à peu près identiques. Ce n'est donc pas sous leur propre latitude qu'on aurait dû chercher pour eux l'attrait de l'échange mutuel. Cet attrait, c'est à l'Europe, c'est à la France qu'il fallait le demander. Il fallait trouver une combinaison qui appelât leurs produits dans nos entrepôts coloniaux, non pas pour s'échanger entre eux (ce dont ils n'ont que faire), mais contre ceux de notre sol ou de nos manufactures. Comme tous les hommes qui s'intéressent au développement de notre commerce maritime doivent travailler au remanîment de la loi de juillet 1837, je vous demanderai la permission de me citer moi-même, et de vous faire connaître cette combinaison, que j'ai présentée comme une solution pacifique aux difficultés créées par le nouveau tarif américain, et dont il est à ma connaissance que le département de la marine poursuit sérieusement la réalisation.

« Qu'une concession de droit soit faite aux marchandises étrangères qui entreront en France sous pavillon français en passant par l'entrepôt des Antilles, il ne faudra pas au courant commercial une année pour s'établir : tous les produits étrangers du golfe du Mexique, les cacaos de la Côte-Ferme, les cafés de Porto-Ricco, les rhums des colonies anglaises, que les entrepôts créés par la loi de 1837 ont vainement cherché à attirer, et qui ne sont pas venus, parce qu'ils ne pouvaient trouver qu'à *s'échanger* à de mauvaises conditions, et non à se *vendre*, vont se présenter en foule. Il faudra un fret de retour aux navires qui les auront portés;

ce fret de retour se composera de toute cette quantité de nos produits que les États-Unis ne reçoivent que pour les rendre à ceux-là mêmes dont nous appellerons le commerce. Quant à nos armateurs, ils ne se feront pas prier pour entrer dans cette voie. Ce sera un beau jour pour eux que celui où ils remplaceront leur intercourse avec l'Union, qui ne leur vaut qu'avanies et procès, pour celui avec les Antilles, où tout a été combiné à leur avantage.....

» Le premier résultat de cette combinaison sera de faire disparaître la cause du conflit commercial avec les États-Unis, conflit qui existait avant 1822, qui existe en ce moment, et qui existera tant que le congrès américain aura une masse de produits à pressurer. L'Union ne recevra plus que ceux de nos produits qu'elle est elle-même appelée à consommer. Si elle continue à les frapper de ses droits exagérés, le mal sera moins grand, et elle en souffrira autant que nous, attendu que le prix de la vente peut toujours se proportionner au droit comme au fret qu'a payés la denrée, lorsque l'encombrement du marché n'empêche pas de tenir la main haute.

» Le commerce attire le commerce : les marines qui viendront entreposer dans nos Antilles enlèveront d'abord nos produits seulement comme matière d'échange, mais bientôt les différents centres que ces marines sont appelées à approvisionner s'apercevront que les marchandises qui leur sont importées des Antilles françaises peuvent se livrer à des conditions adoucies de toute la différence qui existe entre leurs tarifs et les tarifs arbitrairement exagérés du pays d'où ils les tiraient d'ordinaire. Leur instinct de consommation se développera alors en proportion de ce bon marché; et comme la France, à l'aide de la combinaison nouvelle, se trouvera la seule nation placée dans ces conditions favorables, il s'ensuivra que c'est elle qui, à l'exclusion des au-

tres peuples producteurs, profitera de ce surcroît de consommation. »

C'est ainsi que nos Antilles eussent trouvé dans leurs entrepôts autre chose que des dépenses improductives, si l'on
eût mieux compris la solidarité qui existe entre leur intérêt et celui de la métropole.

De ces observations générales sur les entrepôts coloniaux
j'arrive, Monsieur, à celle des dispositions du projet de loi
qui y a trait. L'article 6, qui n'est autre que celui de l'ordonnance du 18 juin 1842, porte que « les marchandises
» étrangères dont l'admission directe pour la consommation
» demeure interdite à la Martinique et à la Guadeloupe
» pourront, lorsqu'elles auront été expédiées des entrepôts
» de la métropole sur les entrepôts coloniaux, acquitter
» dans lesdites îles, pour y être admises à la consomma-
» tion, les droits d'entrée du tarif général... » Sans doute
c'est bien quelque chose que de placer ainsi les colonies
quant à la consommation des produits étrangers qui n'y ont
pas droit de bourgeoisie sur le même pied que la métropole ; mais, quant à la réexportation de ces mêmes produits des colonies à l'étranger, il importe peut-être de
modifier la situation que leur fait la loi de juillet 1837. Aux
termes de cette loi en effet les marchandises étrangères
d'Europe ou des pays non européens situés sur la Méditer-
ranée ne peuvent arriver dans les entrepôts coloniaux, pour
en être réexportées, qu'en passant par ceux de la métropole ;
en sorte que l'exportateur ne peut les livrer à la consommation que grevées d'une double navigation et d'un double
droit d'entrepôt. Disposer ainsi dans une loi qui a eu pour
but de faire de nos Antilles le centre d'un grand mouvement d'échanges entre étrangers, c'est défaire d'une main
ce qu'élève l'autre. On n'a pas pris garde que cette obligation de s'interposer deux fois n'existe pas pour ces mar-

chandises lorsqu'au lieu de la Martinique et la Guadeloupe, elles prennent pour lieu de départ de leur réexportation l'île danoise de Saint-Thomas, ce rocher tout voi-
sin sur lequel la législation économique de sa métropole
laisse tomber une pluie d'or. Prenons pour exemple les tissus anglais de fil, d'un usage si répandu dans les Antilles : le
caboteur espagnol qui voudra s'en charger n'ira-t-il pas les
chercher plutôt à Saint-Thomas qu'à la Martinique, où ils
n'arrivent, ainsi que je viens de le dire, que frappés des
frais d'une double navigation, et pour subir ceux d'un double entrepôt (1) ?...

Je n'ignore pas quel est le but de cette combinaison. Il
s'agit d'enlever à l'étranger le transport de ceux de ses produits que nos colonies consomment, ou dont elles assurent
la réexportation, et de réserver ainsi à nos navires un fret
auxquel ils n'auraient pu prétendre dans les conditions d'é-
galité que leur fait le trop fameux traité de 1826. Je sais
cela. Je sais encore que la mesure n'a pas été entièrement
inefficace, eu égard d'ailleurs à l'efficacité tout à fait relative de l'ensemble. Je vois, en effet, dans des documents
dont j'aurai à parler tout à l'heure, que notre pavillon a
fait concurrence là où naguère il avait dû se replier devant
l'inégalité de la lutte. Ces mêmes documents constatent que
l'amélioration date surtout de cet article 6 de l'ordonnance
de 1842, dont le projet de loi a sagement maintenu le texte;
ce qui prouve, pour le dire en passant, que dans cette
question il ne s'agit que de toucher juste pour voir un résultat se produire.

Mais ce succès, étudions-le au point de vue des entre-

(1) Observations fournies par M. P. Rufz, président du bureau de commerce de Saint-Pierre de la Martinique, qui, dans un récent voyage en
France, s'est occupé avec intelligence des relations économiques de la métropole et de ses colonies.

pôts, et voyons quel rôle jouent ces établissements quant à son importance. Je ne promets que des données approximatives, et il me serait fort difficile d'arriver à des résultats d'une précision mathématique avec les seuls documents qui existent sur la matière : ceux que fournit la *Revue coloniale*. Ce recueil, qui s'abrite de la critique par la munificence avec laquelle il se distribue, témoigne en cette occasion pour l'intelligence du lecteur une confiance dont je suis pour ma part véritablement flatté. Obligé de raisonner sur le mouvement d'affaires de la Martinique, celui de la Guadeloupe n'étant pas formulé de manière à lui être réuni, je dois rappeler que les deux colonies sont d'une importance à peu près égale, et que les opérations de l'une sont, à peu de chose près, celles de l'autre.

Or l'entrepôt de la Martinique a reçu de l'étranger, en 1841, pour 465,611 fr. de marchandises, et en 1842 pour 481,970. Dans quelle proportion l'obligation créée pour les produits étrangers d'Europe d'aller chercher leur point de départ dans les entrepôts de la métropole a-t-elle contribué à la formation de ces chiffres, déjà si peu importants par eux-mêmes : c'est ce qu'on ne nous dit pas; mais c'est ce qu'il est assez facile de déterminer. Une analogie va nous y conduire. On nous apprend en effet que dans la masse générale des expéditions de l'étranger pour la même colonie de la Martinique, laquelle s'élève à 3 millions 938,000 fr. pour 1841, et 4 millions 143,000 francs pour 1842, cette obligation d'aller chercher l'entrepôt de la métropole agit dans la proportion d'un douzième pour la première année, et d'un septième pour la seconde (1). Eh bien ! en prenant

(1) 292,766 pour 1841, et 505,526 pour 1842. Ces chiffres ne sont pas exactement le douzième et le septième de ceux qu'ils ont divisés; mais j'abandonne les fractions pour tabler au plus haut.

La différence importante qui existe entre 1841 et 1842 vient moins d'une

cette proportion, qui est tout à fait rationnelle, pour le mouvement particulier de l'entrepôt colonial, nous aurons pour 1841 le douzième de 465,611 ou 38,800, et pour 1842 le septième de 481,970 ou 68,852. Soit, en doublant pour les deux colonies : 77,600 en 1841, et 137,704 en 1842.

Je le demande, peut-on considérer ce résultat comme ayant une signification, et est-il de ceux qu'une sage administration doit se refuser absolument à risquer contre les chances de l'inconnu ?

Essayons, Monsieur, de dégager cet inconnu à l'aide de quelques évaluations. Cette fois, c'est la Guadeloupe que nous prendrons pour point de comparaison, nos documents étant plus explicites à son égard. Or ces documents nous apprennent que la valeur des marchandises françaises exportées à l'étranger par la voie de l'entrepôt de la Guadeloupe, qui en 1841 n'atteignait que le chiffre de 1 million 115,000 fr., ne s'est plus élevé, en 1842, qu'à 629,367. Le même mouvement de baisse ayant frappé l'exportation par l'entrepôt de la Martinique, il faut porter à environ un million 200,000 francs la masse des produits français qui s'écoulent à l'étranger par la voie des entrepôts de nos Antilles. Ainsi la France a pris la peine de dresser tout un arsenal de lois et d'ordonnances, de créer tout un système économique nouveau, pour assurer à son pavillon un transport de moins d'un demi-million, et à son exportation un développement d'environ 1,200,000 fr..... Que si maintenant nous ouvrons le tableau du commerce général, nous trouverons que le chiffre des exportations de la

---

augmentation dans le mouvement général des affaires que de la facilité accordée au commerce par l'art. 6 de l'ordonnance du 18 juin 1842 de n'acquitter qu'au lieu de consommation les droits du tarif général, qui précédemment se payaient en France. C'est l'abrogation du décret du 22 juin 1791, qui ne permettait l'entrée aux colonies des marchandises étrangères qu'après leur nationalisation par le paiement des droits dans la métropole.

France par expédition directe ne s'élève, pour tout le golfe du Mexique, qu'à 26 millions (1). Ainsi, 1,200,000 fr. d'une part, et 26 millions de l'autre, est-ce donc là tout tout ce que nous devons attendre de l'attrait qu'exercent nos produits sur des populations dès long-temps affriandées à leur élégance et à leur saveur ?... des populations qui couvrent des centres nombreux, au nombre desquels on compte le Mexique, Cuba, Porto-Rico ; c'est-à-dire des empires, et des colonies aussi grandes que des empires ?... Je suis obligé de revenir encore ici sur ce que j'ai dit ailleurs :

« La France expédie pour 80 millions de marchandises aux états de l'Union américaine. Il ne faut pas croire que les Etats-Unis consomment à eux seuls cette masse de produits. L'Angleterre, la Hollande, toutes les autres puissances maritimes de l'Europe, leur font des envois à peu près semblables aux nôtres. L'Union produit elle-même sur une grande échelle. Chaque *Bas-de-cuir* de la république serait millionnaire, qu'elle ne parviendrait pas à consommer tout ce que l'ancien monde lui expédie. New-York s'est constitué l'entrepôt des deux Amériques ; de son port, nos marchandises, qui ont fait le fret de retour de ces navires à coton, aux flancs gigantesques, dont nous n'avons jamais su nous approprier la construction, s'écoulent sur une foule de marchés secondaires. Cuba, Porto-Rico, Haïti, le Mexique, presque toute la Côte-Ferme espagnole, de Porto-Bello à l'Orénoque, reçoivent de New-York la majeure partie des produits français dont ils font l'usage. Eh bien ! la Martinique et la Guadeloupe commandent tous ces centres nombreux, qui ne demandent qu'à s'étendre. Elles sont bien plus à leur portée que New-York..... »

Facilitons donc par tous les moyens possibles la réexpor-

______

(1) La Martinique et la Guadeloupe en reçoivent à elles seules pour plus de 37 millions.

tation de nos produits par la voie des entrepôts de nos Antilles, puisqu'en le faisant nous travaillons d'abord à faire
naître le mouvement d'affaires dont nous voulons doter ces
possessions, et que nous diminuons d'autant la masse des
produits français, qui sont contraints d'aller subir chaque
année la brutale fiscalité des tarifs américains. Or, en ap-
pelant dans les ports d'entrepôts coloniaux le cabotage
étranger, en lui procurant fret en produits étrangers, nous
travaillons à ce résultat.

Car le navire qui n'aurait pas trouvé avantage suffisant
pour venir uniquement chercher nos produits leur ouvrira
volontiers ses écoutilles, et en fera la dernière couche de
son chargement, pourvu que nous l'aidions à trouver la
première en marchandises non françaises. Osons donc travailler pour l'étranger, à condition de le faire travailler
pour nous ; et ne perdons pas de vue qu'à côté de nos Antilles se trouve Saint-Thomas, avec toutes les provocations
de sa franchise commerciale.

Pour me résumer sur ce point, je dirai avec les hommes
pratiques qu'il est impossible que le nouveau débouché qui
partirait ainsi de nos entrepôts coloniaux n'y entraîne pas
un surcroît d'importation française représentant un avantage bien supérieur, sous le rapport du fret et sous celui
du débouché, au demi-million et aux douze cent mille francs
dont nous venons de constater l'existence. Qu'on essaie
donc ! La question des débouchés commerciaux n'est pas
une question indifférente au moment où la loi des douanes
présentée par M. le ministre du commerce révèle une di-
minution notable dans nos exportations.

On pourrait trouver encore dans la législature de 1837,
c'est-à-dire dans la loi organique des entrepôts coloniaux
et dans l'ordonnance qui en est applicative, bien d'autres
dispositions qui tendent également à en paralyser l'effet.

Telle est celle de l'article 4 de la loi, qui ne permet l'apport dans ces établissements des produits étrangers du golfe du Mexique et leur réexportation que par bâtiments jaugeant au moins 50 tonneaux, quand tous les caboteurs de ces pays sont notoirement d'un moindre tonnage. Cette disposition a pour but d'éloigner les navires qui, à l'aide de la faiblesse de leur tirage, peuvent s'engager assez près des côtes pour y jeter frauduleusement leur chargement prohibé. Mais c'était se priver d'un bien dans l'appréhension d'un mal, et une tolérance administrative a diminué de moitié le *minimum* du tonnage fixé par la loi. La même atténuation n'a pas été portée aux pénalités nombreuses écrites dans l'ordonnance, toujours dans la même appréhension de tentatives interlopes, et ces pénalités sont véritablement excessives : ainsi, amende de 300 fr. par chaque colis porté au manifeste qui ne serait pas reproduit au déchargement, attendu qu'il y a présomption suffisante que quelque point détourné de la côte l'a subrepticement reçu ; amende de 1,000 fr. et confiscation des marchandises qui apparaîtraient au déchargement sans être portées au manifeste, ou qui n'y seraient pas exactement désignées, ou qui seraient différentes de son énoncé (1), attendu que dans tous ces cas il y a également présomption suffisante d'intention frauduleuse. Lorsqu'on a quelque idée du chargement et de l'arrimage d'un navire, même de tonnage inférieur, on comprend combien il est difficile d'échapper au délit, en présence d'une législation si libéralement prévoyante. Aussi l'étranger qui apprend chaque jour à ses dépens notre célèbre axiome « Nul n'est censé ignorer la loi », considère-t-il toutes ces restrictions et ces pénalités comme autant de piéges tendus à son inexpérience, piéges qui augmentent ses risques de mer, et qu'il ne se décide pas volontiers à

____

(1) Art. 8 9, 16 de l'ordonnance.

courir pour les résultats à peu près stériles d'un échange en nature. Mais au moins en retirons-nous quelque fruit, et sauvons-nous l'exportation métropolitaine de la concurrence du commerce interlope?... Je n'en crois rien, Monsieur; pas plus que les confiscations et les peines afflictives du temps passé, les minuties de la législation moderne n'empêcheront nos Antilles d'être incessamment pourvues de ceux des produits étrangers que la nature de leur climat, l'habitude, et, plus que tout cela peut-être, l'attrait du *fruit défendu*, appellent invinciblement dans leur consommation (1).

(1) Après le tremblement de terre de la Guadeloupe, le gouverneur avait ouvert les ports de la colonie en franchise de droits à certaines marchandises étrangères de première nécessité, et notamment aux matériaux de construction. Voici les observations du directeur des douanes de la colonie sur les opérations faites pendant une période de cinq mois qu'a duré cette franchise :

« Les craintes qu'on avait pu concevoir sur les résultats possibles d'un long délai accordé à l'importation, en exemption de droits des comestibles et de certains ouvrages en fer et en acier, ne se sont pas entièrement réalisées, et l'on n'a pas vu, comme on l'avait d'abord appréhendé, des maisons anglaises de Saint-Thomas établir à la Guadeloupe des dépôts de ferrements, de clous et d'outils, à l'effet de pourvoir de ces objets les Antilles françaises pendant une longue période. L'approvisionnement en articles de ce genre ne se compose pas d'une masse assez considérable pour nuire long-temps encore à la vente des produits nationaux de même nature, et il y a lieu d'espérer que la construction prochaine d'un grand nombre de maisons épuisera en peu de temps ce que l'industrie étrangère a jeté dans la consommation des deux colonies.

» Ces introductions de quincaillerie anglaise ont fait ressortir plusieurs faits importants, entre autres que la *serrurerie* est bien loin de valoir la nôtre; que les *clous* faits à la mécanique sont forts cassants, et que l'avantage résultant de la modicité de leur prix est, en quelque sorte, balancé par le déchet qui résulte de leur emploi dans les bois durs; que les *hachettes* sont de mauvaise qualité et à peine rechargées d'acier. Quant aux *scies* dites *égohines*, les seules en usage dans la colonie, et auxquelles les ouvriers mettent souvent un grand prix, elles présentent une incontestable supériorité sur celles qui nous sont envoyées de fabrique française; aussi en a-t-il été introduit une quantité suffisante pour fournir aux besoins de toute l'année 1844. »

Ainsi cette législation frappe le commerce métropolitain en le protégeant. Elle le protége contre le contrebandier dont la coupable industrie ne peut nécessairement s'exercer que dans de certaines limites ; mais elle le frappe en arrêtant pour ainsi dire au seuil des entrepôts coloniaux le négociant de bonne foi qui, en venant travailler à la réexportation de ses produits, assurait son large et régulier développement.

De ces considérations, que j'ose appeler d'un ordre élevé, car tout ce qui touche aux intérêts maritimes et commerciaux du pays revêt ce caractère, indépendamment du mérite de la forme, j'arriverai à une question de détail et de localité, qui cependant me semble mériter l'attention de la commission et de son honorable rapporteur. Les lois fiscales, les lois de douanes surtout, sont de leur nature, vous le savez, Monsieur, essentiellement vexatoires. Il faut la raison d'état pour les dicter, et la raison publique pour les supporter. Une administration sage doit donc s'efforcer de corriger autant que possible ce vice de nature par toutes les atténuations conciliables avec le but qu'elle se propose, c'est-à-dire avec la protection qu'elle veut accorder à la production nationale. Or au nombre des rares amendements qui corrigent les rigueurs de notre système protecteur il en est un assez précieux, malgré son efficacité toute relative. Je veux parler du *plombage*, de ce cachet de métal au moyen duquel l'expéditeur d'un objet susceptible de subir dans son trajet une ou plusieurs visites de douane le fait visiter au lieu de départ, et lui procure ainsi une circulation à peu près exempte du marteau, de la sonde, et autres moyens d'investigation plus ou moins destructeurs.

Je dis à peu près, parce que je n'ignore pas que la douane peut toujours intervenir et soupçonner même la fidélité de son empreinte. Mais elle ne le fait que rarement, et son investigation n'est alors qu'un simple contrôle. Je sais encore que le plombage est plutôt un moyen de vérification créé dans l'intérêt de l'administration qu'une facilité accordée au commerce; mais toujours est-il que le commerce sait y trouver aussi son avantage, en sorte que l'on peut dire qu'il est à la fois une obligation imposée et un droit exercé. Ne pourrait-on pas l'introduire comme droit là où la nécessité n'existe pas de l'employer comme obligation?... Ainsi, de France aux colonies, le plombage a pour but d'aider à la constatation des quantités sur lesquelles doit être prélevé par la douane coloniale le droit de 3 pour cent à la valeur: on conçoit qu'il doive être de rigueur. Mais des colonies en France, la perception s'exerçant sur le poids, ne pourrait-il pas exister et n'être que facultatif?... Cette nécessité se fait sentir davantage à mesure que se développent dans nos îles ces industries secondaires que le gouvernement doit favoriser dans un but d'ordre et de moralisation. Je pourrais citer des produits coloniaux pour lesquels la visite en douane, au port d'arrivée, telle qu'elle se pratique en ce moment, équivaut à une perte totale (1). Je ne parle pas de ce qui est personnel au voyageur, de cette mise à sac de ses bagages, de cette investigation sans pudeur que rien n'arrête. C'est là le salut que reçoit de la terre natale le Français d'outre-mer qui met pour la première fois le pied sur le sol de la mère-patrie. Cet accueil de la civilisation au XIXe siècle, en le voyant prodiguer avec la même *cordialité* à l'étranger qui descend à côté de lui d'un navire étranger, il réfléchit à cette assimilation, et son cœur, qu'avait doucement ému la vue du

______

(1) Tous les produits qui se conservent par la méthode pneumatique, et que la mise en contact avec l'air fait entrer en fermentation. Ce genre d'exportation tend à prendre un certain développement dans nos colonies.

pays vers lequel le poussait une vague aspiration, se re-
ferme douloureusement. Ceci est profondément vrai ; tou-
tefois, au temps où nous vivons, je n'eusse pas abordé cette
considération si je n'avais pu la faire précéder d'une autre
tirée de l'ordre matériel.

Vous le voyez, Monsieur, ce n'est pas assez de dire avec
l'article 4 du projet de loi que les denrées coloniales expédiées de nos Antilles à destination de France seront
exemptes de tous droits à la sortie de ces îles. Si la commission veut montrer là le même libéralisme dont elle a fait
preuve quant à l'ensemble du projet, il faut qu'elle complète
cette disposition par un amendement qui rende facultatif
aux colonies l'emploi du plombage.

J'arrive, Monsieur, à la conclusion de ces trop longues
prémices, et je dis : Sans doute, la pensée du système qui
régit les relations de la France avec ses colonies doit en
principe être aujourd'hui la même qu'aux XVIIe et XVIIIe
siècles : c'est-à-dire, tranchons le mot, l'exploitation de la
colonie par la métropole. Sans doute encore, quelques dérogations faites à cette pensée, quant à l'introduction aux
colonies de certains produits étrangers, constituent sur ce
premier point un progrès raisonnable ; sans doute enfin, la
substitution des entrepôts véritables aux ports d'entrepôt de
l'ancienne législation renferme une idée en harmonie avec
la marche de la science économique. Mais, si l'esprit de la
législatio i doit être le même, elle est encore susceptible de
grandes améliorations dans son ensemble, dans les diverses
formes que revêt son application. Si l'établissement des entrepôts véritables créés par la loi de 1837 est une idée de
progrès, elle est encore à l'état de germe, et en quelque
sorte à l'état d'étude. Il appartient aux esprits équitables et
élevés de comprendre quel doit être le caractère du monopole que le fort s'est réservé sur le faible, que la France

s'est réservé sur ses colonies ; il appartient aux hommes jaloux de la prospérité du pays et de son développement commercial de dégager la semence trop profondément enfouie par le législateur de 1837. Cette étude, qui s'adresse dans la personne de son honorable rapporteur à la *commission chargée d'examiner le projet de loi sur le régime des douanes aux Antilles*, aura donc, à défaut d'autre mérite, celui d'avoir su choisir des juges auxquels personne ne saurait refuser cette double compétence.

Imprimerie de GUIRAUDET et JOUAUST, rue Saint-Honoré, 315.

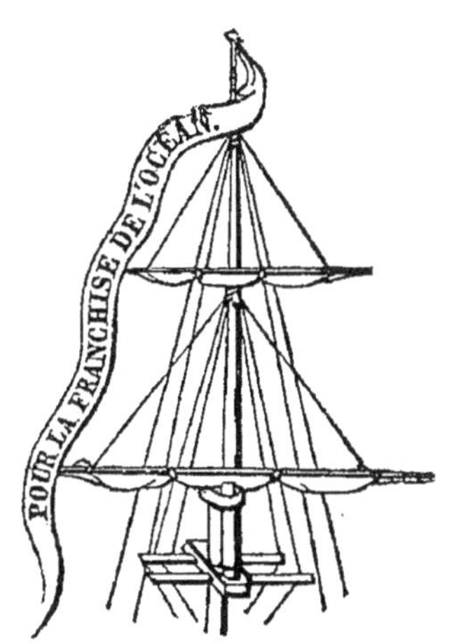
POUR LA FRANCHISE DE L'OCÉAN.